UNE

RESTITUTION

DE

NATIONALITÉ

PARIS

IMPRIMERIE DE L. TINTERLIN ET C°

RUE NEUVE-DES-BONS-ENFANTS, 3

—

1863

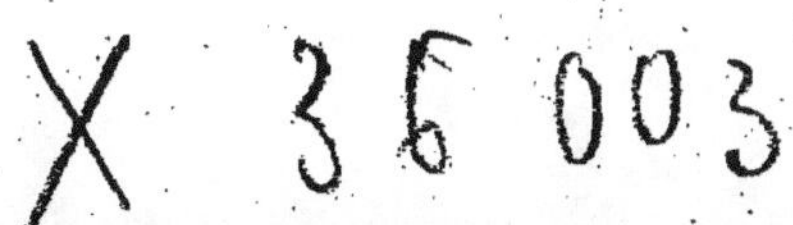

UNE

RESTITUTION

DE NATIONALITÉ

UNE

RESTITUTION

DE

NATIONALITÉ

PARIS

IMPRIMERIE DE L. TINTERLIN ET C⁰

RUE NEUVE-DES-BONS-ENFANTS, 3

1863

UNE

RESTITUTION

DE NATIONALITÉ

———————

La recherche de la paternité est
permise en matière de mots.
(Art. 14 de notre futur Code littéraire.)

LETTRE

A MONSIEUR LE REDACTEUR DU *CERNÉEN*

Monsieur le Rédacteur,

Ne vous est-il pas quelquefois arrivé de vous
demander quelle pouvait être l'origine de certains
mots, fort usités à Maurice, tandis qu'ils n'ont
nullement cours en France, ou qu'ils y circulent
avec un sens entièrement différent? En général,
ces mots-là passent pour être autochthones, enfants du terroir, créoles enfin des pieds à la tête.

C'est là, monsieur le Rédacteur, une illusion que vous me permettrez de dissiper. Mais je vous avertis qu'il me faudra, pour cela, faire un étalage d'érudition, qui endormira, je le crains, vos lecteurs. Plaise à Dieu que ma bonne intention me vaille au moins le bénéfice des circonstances atténuantes.

L'étude patiente et attentive des écrivains du quatorzième au dix-septième siècle, m'a amené, monsieur le Rédacteur, à cette découverte, à mon sens, très-curieuse et très-importante, qu'il n'y a pas à Maurice un dialecte proprement dit, particulier à la colonie. La plupart des mots, tels que *ber*, *drapeaux*, dans le sens de langes, *mitan*, *bagou*, *li*, et bien d'autres, à la physionomie si créole, qu'on leur donne volontiers ce certificat de naissance sans craindre de se tromper, ne sont rien moins que créoles; ils ont, si je puis m'exprimer ainsi, du plus pur sang français dans les veines, et datent d'une époque reculée de notre langue. Mais pour être vieux, ils n'en sont pas moins bons. Par un hasard digne de remarque, transplantés à Maurice par les Français qui y émigrèrent, ces mots sont

demeurés dans l'usage quotidien, quand, dans la
mère-patrie, ils ont depuis longtemps déjà dis-
paru de la circulation. Je ne m'appesantirai pas
sur la cause de ce fait, qui me semble avoir son
explication naturelle dans la rareté des commu-
nications intellectuelles, par suite de laquelle on
devient conservateur en linguistique, par néces-
sité si ce n'est par goût. Pourtant, un savant, tel
que M. Frédéric Godefroy, par exemple, pourrait
tout de suite m'arrêter et me dire : « Mais l'Ile-
de-France est une colonie fort peu ancienne; elle
ne date que de l'an de grâce 1713. Or, les écrivains du dix-huitième siècle, chez lesquels nous
retrouvons la langue qu'on parlait alors, ne se
servent pas une seule fois des expressions que
vous dites appartenir au vieux français. Votre
explication est donc erronée. » Patience! il y a
langue et langue, que je répliquerai ; il y a la langue parlée comme il y a la langue écrite ; il y a
la langue des provinces comme il y a la langue
de Paris ; l'une stable et constante, l'autre varia-
ble et se métamorphosant sans cesse à l'égal de
Prothée. Quels sont les Français qui ont émigré à

Maurice ? Ce ne sont pas des Parisiens, on le sait de reste ; mais des provinciaux, Normands et Bretons. Au dix-huitième siècle, leur langue était riche de ces locutions du quinzième et du seizième siècle, qu'on retrouvait encore en grand nombre, il y a quelques années, mais qui disparaissent chaque jour devant le flot envahissant de la civilisation parisienne, portée à toute vapeur dans les recoins les plus éloignés par les chemins de fer.

J'arrive, ainsi que je vous l'ai promis, à mes preuves de nationalité française. Chacune de mes citations sera accompagnée de l'indication de l'auteur et du titre du livre, d'où elles ont été recueillies, afin que vous puissiez, monsieur le Rédacteur, si la fantaisie vous en prend, contrôler la véracité de mes affirmations.

Je vous ai déjà nommé le mot *ber*. Nos mères créoles, qui veillent avec quelle tendresse ! vous le savez, au berceau de leurs enfants, leur cœur maternel, répugnant à adopter l'invention des nourrices, ce progrès moderne, disent toujours *ber* au lieu de berceau. Ainsi parlait-on du quatorzième au seizième siècle! Lisez plutôt dans Eustache Deschamps, un écrivain du quatorzième siècle :

Pour enfans faut *bers*

Dans un vieux proverbe de la même époque, rapporté par M. de la Thaumassière, dans son *Glossaire*, il est dit :

Ce qu'on apprend au *ber*,
Dure jusques au *ver*.

C'est à dire, dure jusqu'à la mort, jusqu'à l'époque fatale où l'on est rongé des vers.

Gilles Nicole, dans la vie du roi saint Louis, écrit :

« La reine, femme de saint Louis, étant en la cité de Damiette, accoucha d'un fils, lequel, tôt après sa nativité, fut dérobé en son *ber*, par un Sarrazin esclave. »

Et Clément Marot :

Regarde, enfant de céleste semence,
Comme desjà le beau siècle commence,

Jà (déjà) le laurier te prépare couronne,
Jà le blanc lys dedans ton *ber* fleuronne.

(*Égl.* sur la naissance du fils du Dauphin.)

Je pourrais multiplier ces exemples, mais la question me semble suffisamment prouvée. Je passe donc au mot *drapeaux*, qu'on emploie journellement à Maurice dans le sens de *langes*.

C'était également, autrefois, la façon de parler :

En ces caveaux,
Où nourrices essangent leurs *drapeaux*.

(VILLON.)

« Il se dit par cette cour, que le roy d'Espagne a fait prier le pape de tenir en son nom, aux fonts de baptême, l'enfant qui naîtrait de la reine, sa femme, et que Sa Sainteté le doit faire tenir par son nonce, et a envoyé à ladite reine certains reliques, et les *drapeaux* dont ledit enfant doit être enveloppé. »

Le cardinal d'OSSAT. (*Lettres.*)

N'avez-vous pas souvent entendu, monsieur le Rédacteur, nos gamins des rues, s'écrier :

« Je viens de lui donner un bon coup dans le *mitan.* »

Cela signifie dans le milieu de certaine partie du corps.

Je lis dans Brantôme, *Vie des Dames galantes* :

« Le bouffon qui vist cela, dit, et moi aussi je voudrais être un beau *mitan* »

Et ce mot, qui a une allure si franchement créole, τρου-πιγνον. Il se trouve dans Béroalde de Verville, *le Moyen de Parvenir*, ouvrage du seizième siècle :

« Des deux premiers doigts, vous ouvrirez le τρου-πιγνον. »

Vous savez que les petites filles créoles disent invariablement ma *poupette*. Elles ont été à l'école de ce bon saint François de Sales :

« Si on incommode cette pauvre petite, et qu'on lui veuille oster sa *poupette*, d'autant qu'elle semble endormie, elle montre bien alors qu'encore qu'elle dorme pour le reste des choses, elle ne dort pas néantmoins pour celle-là. »

Ces mêmes petites filles s'écrient à l'occasion, en pleurant :

« Le chat m'a gratigné. »

Agrippa d'Aubigné, ne s'exprime pas autrement :

« Par la mort, s'il me gratigne, je le mordrai. »

Cabosser n'est-il pas toujours à Maurice le synonyme de bossuer.

Rabelais se sert de cette expression :

« En grande véhémence d'esprit, il le trépoyt, le cabossoyt. »

Espérer pour attendre, est très-fréquent chez nous :

« Non, madame m'espère. »

(Poésies populaires recueillies par AMPÈRE.)

Et *acouter* pour écouter. Voici un exemple de Béroalde de Verville :

« Acoutez, Messieurs, acoutez un peu, je dirai un conte pour vous apaiser. »

Plorer pour pleurer ne l'est pas moins.

« Il plora lui-même bien longuement. »

(AMYOT.)

Balier pour balayer. Lisez cette ordonnance de police, publiée dans la ville de Bourges, en 1627 :

« On fait assavoir à tous les habitants de ladite ville, à quelque qualité et condition qu'ils soient, qu'ils aient chacun soi à nettoyer et *balier* bien les rues, es quelles passera le jour demain la procession générale de Saint-Sacrement. »

Richelet, le fameux lexicographe du dix-septième siècle, rapporte que de son temps, *balier* était la prononciation élégante. Ce que c'est que la destinée des mots !

Belzamine pour balsamine.

Le dictionnaire du bas langage, Paris, 1808, 2 vol., dit que le peuple, au seizième et au dix-septième siècle, prononçait, comme nous le faisons encore, *belzamine* pour balsamine.

Asteure pour à cette heure :

« J'ai des portraits de ma femme, de vingt-cinq,

de trente-cinq ans, je les compare avec celui d'asteure. »

Mécredi pour mercredi.

« Un mécredi matin qu'elle était assise à la porte. »

(B. DE VERVILLE.)

Encore un mot, qui, au dire de Richelet, se prononçait, tel qu'il est écrit dans l'exemple cité, par les élégants de l'époque.

Sap pour sapin.

« Si tient une lance de sap. »

(*Roman* de PERCEVAL.)

Virer pour tourner.

« Deux têtes, l'une *virée* vers l'autre. »

(RABELAIS.)

Li pour lui.

« Et *li* avait donné cinq cents livres pour aler avec *li*. »

(VILLE HARDOUIN.)

Enfin toutes ces expressions, regardées comme éminemment créoles, *bagou, faraud, pâtirat, pile, purge*, sont données par le Dictionnaire du langage populaire français.

Je m'arrête, car je dois vous paraître bien *ennuyant*. Excusez cette réminiscence soi-disant créole ; Charles d'Orléans, dans une ballade, écrit :

C'est Paradis que de la compagnie,
A tous complaist, à nul n'est *ennuyant*.

Après lui, Hamilton, le célèbre conteur :

Dans un récit de longue haleine,
Les vers sont toujours *ennuyans*.

N'est-ce pas vraiment une belle gloire pour Maurice d'avoir conservé dans son intégrité, à travers des vicissitudes diverses, ce pieux héritage de nos pères ? La rupture du lien sacré qui l'unissait à la France paraît lui avoir inspiré le culte de tout ce qui était susceptible de rappeler le souvenir de la vieille patrie ; et à ce titre, la langue, cette parenté intellectuelle, dut devenir l'objet de son respect et de son inaltérable attachement.

Veuillez agréer, monsieur le Rédacteur, l'hommage des sentiments de profonde considération, avec laquelle j'ai l'honneur d'être votre très-humble et très-dévoué serviteur.

ALFRED HAREL.

P. S. Je dois bon nombre des exemples que j'ai cités dans le cours de ce travail, à l'amicale communication de M. Émile de Lachenardière, un de nos jeunes créoles les plus laborieux, et un des lecteurs les plus intelligents de cette ancienne littérature française, si originale et si riche.

Paris — Imp. de L. Tinterlin, 3, rue Neuve-des-Bons-Enfants. 3.